JN302901

たにぞうの 元気がイチバン! あそびうた
CD BOOK

contents もくじ

4… はじめに

part 1 みんなで元気に! あそびうた

6… あわせてYeah!
TRACK 1

8… カモシカぴょ〜ん
TRACK 2

10… フラフラフラミンゴ
TRACK 3

12… はだしでアッチッチ
TRACK 4

14… やっぱりボルシチ
TRACK 5

16… 鏡のなかの僕
TRACK 6

18… おにぎりギュッギュッ
TRACK 7

20… サンタでサンバ!
TRACK 8

22… もちつきペタペタ
TRACK 9

part 2
親子で仲よく！あそびうた

24 … さむいときにはともだちと
　　 ● TRACK 10

26 … ぼくたちずっとともだちさ
　　 ● TRACK 11

28 … ぼくらのうたごえ
　　 ● TRACK 12

32 … ともだちといっしょに
　　 ● TRACK 13

36 … サバンナ
　　 ● TRACK 14

42 … バスにのって
　　 ● TRACK 15

46 … きれいな花に
　　 ● TRACK 16

48 … タコとイカのダンス
　　 ● TRACK 17

52 … 楽しいハイキング
　　 ● TRACK 18

この本を手にとった方へ

　いま、ぼくが目の前にいる子どもたちに魔法をかけられるなら、どんな魔法が必要なんだろう？　そんなことをふと考えました。「みんなとすぐに仲よくなれる魔法」「知らない世界に仲間と飛んでいける魔法」、きっとそんな魔法を子どもたちは欲しがっているのかも……。でも、魔法のランプやじゅうたんは、当然、近くのスーパーなんかで買えるものじゃありません。

　先日、伺った保育園の年長クラスでは、子どもたちが先生のピアノに合わせて「♪バスにのって」（p.42に掲載）で遊んでいました。みんなで一列になり、つながって、右に曲がったり、左に曲がったり、坂道を登ったり……。楽しそうな、いい笑顔がたくさん。そのとき、こう思いました。

　―　これだ！　これだ！　こういうことなんだ！
　子どもたちは、見えない世界を体験している。
　子どもたちには、空想の世界を自由に広げられる心がある。
　もっと楽しい世界へ行くのは簡単なことで、
　ぼくはその入り口を作ってあげればいいんだ。　―

　最近は、テレビも映画もゲームも、どんどん"リアル"なものになっています。けれど、子どもたちにそんなリアルさは必要ありません。だって、子どもたちは、ファンタジーを生み出せるのだから。「むかーしむかし、あるところに、こんなこわーい鬼がいました」と、ぼくが少し怖い顔をしてみれば、子どもたちはしっかりと、その鬼をイメージすることができるのです。

　今回、このCD BOOKには、子どもたちが元気いっぱい遊べる軽快なあそびうたをたくさん収録しました。曲ごとの世界観はさまざまです。遊ぶことで、子どもたちに不思議な魔法をかけてあげようじゃありませんか？　目には見えない楽しい世界への入り口を作ってあげたら、きっと、子どもたちは楽しい仲間たちに出会うはずです。

谷口國博

part 1
みんなで元気に！あそびうた

思いっきりうたったり、
リズムに合わせて体を動かしたりするのって、
とっても楽しいことだよ。
元気な気持ちになれる、
とびっきりの14曲を紹介するよ。
さあ、いっしょに遊ぼう！

あわせてYeah!

TRACK 1

体と体をくっ付け合えば、すぐに仲よくなれるもの。
新しい友達と出会う新年度にピッタリのあそびうたです。

1 ♪ おやゆびあわせて Yeah!

2人でペアになり、両手の親指と親指でタッチします。

2 ♪ せなかをあわせて Yeah!

背中と背中でタッチします。

恥ずかしがらずに友達の顔を見てタッチしよう！
はやく仲よくなりたいね。

3 ♪ きみとふたりでYeah!

両手を前に出して、手と手でタッチします。

4 ♪ みんなでそろってYeah!

他の友達もいっしょに輪になり、
みんなの手と手でタッチします。

あわせてYeah!

作詞・作曲／谷口國博
編曲／本田洋一郎

♩=165　※1番と2番はこのテンポで、3番は速く、4番はもっと速く

1.~4. おやゆびあわせて Yeah!　せなかをあわせて Yeah!
きみと ふたりで Yeah!　みんなでそろって Yeah!

カモシカぴょ〜ん

TRACK 2

原っぱにはバッタやカエル、ウサギ、カモシカなど、
ジャンプの得意な生き物がたくさん。みんなでまねして、ヨーイ…ジャンプ！

1 ♪ 前奏（8呼間）

きをつけの姿勢でリズムを
とって待ちます。

2 ♪ バッタがぴょんとなりゃ　カエルがぴょん

「♪バッタが」「♪ぴょんと
なりゃ」に合わせて腕を
横に広げ2回ジャンプ。

「♪カエルが」で、その
場で速く2回ジャンプ
します。

「♪ぴょん」で、床に
手をついてカエルの
ポーズをします。

3 ♪ カエルがぴょんとなりゃ　ウサギがぴょん

カエルのポーズのまま、ゆっくり2
回ジャンプします。

「♪ウサギが」で速く2回ジャンプ
します。

「♪ぴょん」で両方の手のひらを頭の
上に。中腰の姿勢でウサギのポーズ。

4 ♪ウサギがぴょんとなりゃ　カモシカぴょ〜ん

ウサギのポーズのまま、前後にジャンプします。

「♪**カモシカ**」でその場で速く2回ジャンプします。

「♪**ぴょ〜ん**」で足を前後に開き、走るポーズでジャンプ！

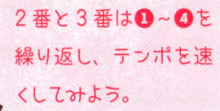

2番と3番は❶〜❹を繰り返し、テンポを速くしてみよう。

カモシカぴょ〜ん

作詞・作曲／谷口國博
編曲／本田洋一郎

♩=110　※1番、2番、3番とだんだん速く

1.〜3. バッタ が ぴょん と な りゃ カ エル が ぴょん

カ エル が ぴょん と な りゃ ウ サギ が ぴょん

ウ サギ が ぴょん と な りゃ カ モシ カ ぴょ〜ん

フラフラフラミンゴ

TRACK 3

フラミンゴは、片足立ちが得意なバランスの王様。
片足ケンケンでバランスをとりながら、友達と押し合いっこを楽しみましょう。

❶ ♪前奏

両手首を折り曲げ、右手は頭の上へ伸ばし、左手は腰に付けてフラミンゴポーズ。いっしょに踊る相手を探しに行き、向かい合います。

❷ ♪フラフラしている フラフラフラミンゴ オレ！

左足を上げ、片足ケンケン（9回）で右回りに1周します。「♪オレ！」に合わせて、左右の手足を反対にします。

❸ ♪フラフラしている フラフラフラミンゴ ソレ！

❷の動作で左回りに1周して、「♪ソレ！」で左右の手足を反対にします。

❹ ♪ふたりできもちを あわせてみましょう

左手はそのままで、相手と右手で握手して挨拶します。「♪みましょう」で右足を上げて片足立ちになり、2人で両手を合わせます。

⑤ ♪オレ！

「♪オレ！」に合わせて、お互いに力強く相手の手を押します。両足がついたり、動いたりした方が負けです。

⑥ ♪間奏

❶と同様の動きで、別の相手を探しに行きます。
2番、3番と繰り返します。

フラフラフラミンゴ

作詞・作曲／谷口國博
編曲／本田洋一郎

♩=140

1.～3. フラフラしている　フラフラフラミン　ゴ　　オレ！

フラフラしている　フラフラフラミン　ゴ　　ソレ！

ふたりで　きもちを　あわせてー　みましょう　1.3. オレ！
　　　　　　　　　　　　　　　　　　　　　　2. ソレ！

はだしでアッチッチ

TRACK 4

真夏の砂浜は、おひさまパワーで熱せられてとても熱いもの。
はだしで歩いたときの驚きを元気に表現してみましょう。

❶ ♪アッチッチ　アッチッチ

両手を顔の前でパーにし、2呼間ずつ右・左に、がにまたポーズのケンケンで揺れます。

❷ ♪はだしでアッチッチ

しゃがんで床にタッチし、「♪アッチッチ」で足を開いて立ち上がり、両手はパーにして斜め上へ上げます。

❸ ♪アッチッチ　アッチッチ　はだしでアッチッチ

❶～❷の動作を繰り返します。

❹ ♪あっちへいっても　アッチッチ

右方向へ走り、「♪アッチッチ」で❶のポーズで右足ケンケン。

⑤ ♪ こっちへいっても アッチッチ

⑥ ♪ アッチッチ アッチッチ
はだしでアッチッチ

左方向へ走り、「♪**アッチッチ**」で❶のポーズで左足ケンケン。

❶〜❷と同様にします。

はだしでアッチッチ

作詞・作曲／谷口國博
編曲／本田洋一郎

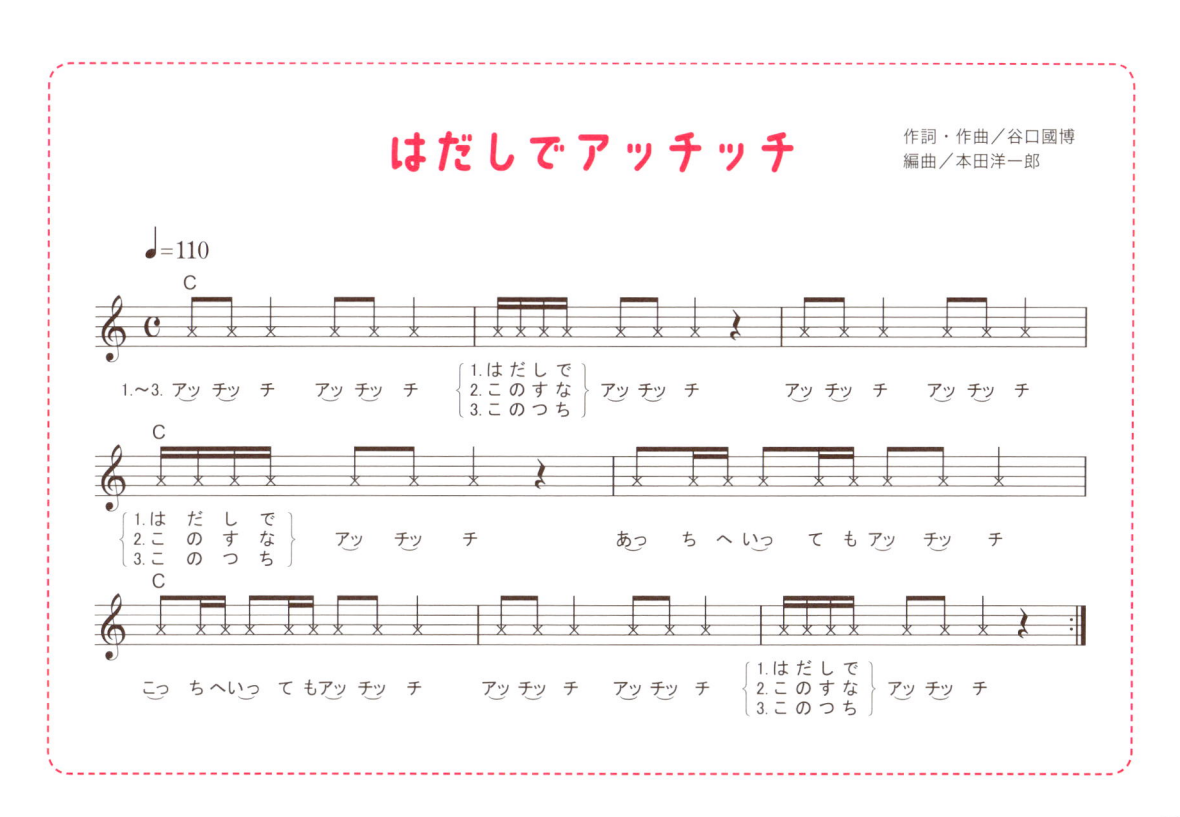

♩=110

1〜3. アッ チッ チ　アッ チッ チ　{1. はだしで / 2. このすなは / 3. このつち} アッ チッ チ　アッ チッ チ

{1. はだしで / 2. このすなは / 3. このつち} アッ チッ チ　あっ ちへいっ ても アッ チッ チ

こっ ちへいっ てもアッ チッ チ　アッ チッ チ　アッ チッ チ　{1. はだしで / 2. このすなは / 3. このつち} アッ チッ チ

やっぱりボルシチ

TRACK 5

コサックダンスでおなじみのロシア民謡のような楽しい曲調に合わせて、
ダンスをしながら、ポーズのとり合いっこを楽しみましょう。

① ♪ 前奏・間奏（16呼間）

ペアを作り、向かい合い、リズムをとって待ちます。

② ♪ ピロシキやっぱりボルシチ（ヘイ！）

右手は頭の上、左手は顔の下で8回パタパタ。
足はそろえて2呼間ずつ4回リズムをとります。

③ ♪ ピロシキやっぱりボルシチ（ヘイ！）

肘を張り、手はグーに。右から左に4回動かします。
足も合わせてリズムをとります。

④ ♪ ピロシキ（ヘイ！） ボルシチ（ヘイ！）

1・2・3・4 → 5・6・7・8

❷の動作で4呼間、❸の動作で4呼間とります。

5 ♪ あなたは なにたべる

両腕を重ねて、膝を少し曲げます。足を右・左と前に蹴るように交互に出します。

6 ♪ パカー

❷か❸のどちらか好きなポーズをとります。お互いそろえばOK、次の相手を探しに行きます。そろうまで同じペアで繰り返します。

> 腰を低く落として足を出すと、本物のコサックダンスみたいに見えるよ！

やっぱりボルシチ

作詞・作曲／谷口國博
編曲／本田洋一郎

Original Key=Bm
♩=150　※1番と2番はこのテンポで、3番からどんどん速く

1.〜7. ピロシキ やっぱり ボルシチ （ヘイ！） ピロシキ やっぱり ボルシチ （ヘイ！） ピロシキ （ヘイ！） ボルシチ （ヘイ！） あなたは なに たべる　パカー

鏡のなかの僕

1人のポーズを鏡役のもう1人がまねて遊ぶゲームです。
ポーズはどんなものでもOK。子どもの自由な発想で楽しみましょう。

TRACK 6

① ♪ かがみのなかの ぼくは

ペアを作り、向かい合います。「♪かがみの」で一方が動き、ポーズを
とります。「♪ぼくは」でもう一方は同じ動きを反転してまねをします。

② ♪ いつもおんなじ うごきだね

❶と同じように一方がポーズをとり、
一方がポーズをまねる動作をします。

③ ♪ だけど だけど こんなうごきは できるかな

腕を組み、リズムに合わせて
うなずく動作をします。

④ ♪じゃんじゃかじゃん じゃんじゃかじゃん(繰り返し)できるかな

最初の「♪じゃんじゃかじゃん」で一方が好きなポーズをして、
次の「♪じゃんじゃかじゃん」でもう一方が反転してまねをします。これを繰り返します。

鏡のなかの僕

作詞・作曲／谷口國博
編曲／本田洋一郎

♩=120

1.〜3. かがみのなかーの ぼーくは いつもおんなじ うごきーだね だけどだけど
こんなうごきは できるーかな じゃんじゃかじゃん じゃんじゃかじゃん
じゃんじゃ かじゃんじゃんじゃ かじゃん できるーかな な D.S. な

おにぎりギュッギュッ

TRACK 7

ペアになってギュッと体をくっ付けたり、手をたたいて合わせたり、おにぎりを作るジェスチャーをしながら楽しむ手あそびうたです。

1
♪ おにぎりを　つくりましょう
　おにぎりを　つくりましょう

ペアを作り、向かい合います。両手でおにぎりを作る動作をし、リズムをとります。

> 大きなおにぎりにしたり、小さなおにぎりにしたり、形に変化を付けて遊ぶと楽しいよ。

2
♪ おにぎりギュッギュッ　しおパッパ
　おにぎりギュッギュッ　しおパッパ

「♪ギュッギュッ」でペアの相手とギュッとくっ付きます。「♪しお」で自分の手をたたき、「♪パッパ」で相手の両手と2回合わせます。これを繰り返します。

3 ♪ できあがり できあがり

自分の手をたたいてから、「♪でき」でお互いの右手の手のひらを合わせます。「♪あがり」も反対の手で同様に。2回目は「♪できあが」「♪り」のリズムで同様にします。

4 ♪ みんなでいただきます

「いただきます」のポーズをします。

おにぎりギュッギュッ

作詞・作曲／谷口國博
編曲／本田洋一郎

♩=115　※1番、2番、3番とだんだん速く

1.〜3. お にぎ りを　つ くり ましょう　お にぎ りを　つ くり ましょう
お にぎ りギュッ ギュッ　し おパッ パ　お にぎ りギュッ ギュッ　し おパッ パ
で ー きあ がり で きあ がり　み んな で い た だ き ます

サンタでサンバ！

TRACK 8

サンタはクリスマスに世界中にきてくれます。南の国にサンタが来たら、サンバを踊るかも！？ ダンスで寒さを吹き飛ばしましょう。

1 ♪ サンタでサンバ

サンバのリズムで自由にステップを踏み、手は上に上げてひらひらさせます。

2 ♪ サンタでサンバ

❶と同様にします。

3 ♪ サンタでサンバ
おどるよサンタ

❶～❷と同様にします。

4 ♪ トナカイもおどりだす

2人でペアになり両手をつないで1周します。

5 ♪ おしりあわせて

6 ♪ オレッ！

お互いのお尻をくっ付けます。

「♪オレッ！」のタイミングでお尻相撲をします。

サンタでサンバ！

作詞・作曲／谷口國博
編曲／本田洋一郎

♩=120

1. サンタ で サンバ　サンタ で サン バ　サンタ で
サン バ　おどる よ サンタ　トナカイ も おどりだ
す　おしり あわせて オレッ！　2.3. サンタで オレッ！

もちつきペタペタ

TRACK 9

餅つき、たこあげ、はねつき、かるたなど、お正月はいろいろな遊びがいっぱいです。
それぞれの動きを体で表現してみましょう。

1 ♪ こちらは もちつきペタペタ

右手で餅つきの動きをします。

2 ♪ こちらは たこあげ ヒュー ヒュー

左手でたこあげの動きをします。

3 ♪ おしょうがつは いろんなことが あるのよ おしょうがつ

どちらかの動きにつられないように、やってみよう！

「♪おしょうがつは」で❶の動作を、「♪いろんなことが」で❷の動作をし、
最後は両方の動作を同時にします。

《2番》♪ はねつきトントン
　　　♪ こまをくるくる

《3番》♪ かるたをパンパン
　　　♪ おぞうにぱくぱく

2番は、歌詞に合わせてはねつきとこま回しのジェスチャーでやってみましょう。

3番は、歌詞に合わせてかるたあそびとおぞうにを食べるジェスチャーでやってみましょう。

もちつきペタペタ

作詞・作曲／谷口國博
編曲／本田洋一郎

♩=135

1. こちらは もちつき ペタ ペタ　こちらは たこあげ ヒューーヒュー　1.～3. おしょうがつは　いろんなことが あるのよ おしょうがつ
2. こちらは はねつき トン トン　こちらは こまーまを くるくる
3. こちらは かるたを パン パン　こちらは おぞうに ぱくぱく

さむいときにはともだちと

TRACK 10

寒い時期にあたたかくなるには、やっぱり動くのが一番。
友達とお尻や背中を合わせてぐるぐる回り、たくさん体を動かしましょう。

① ♪ さむいときには ともだちと

「♪さ・む・い・とき・には」と、1拍ずつのリズムで、自分の手→右手同士→自分の手→左手同士と、軽くたたいて合わせます。

「♪とも・だち・と」では、自分の手→お互いの両手を、2回繰り返します。

② ♪ おしりをあわせて おどりましょう
　　さむいときには ともだちと
　　おしりをあわせて まわりましょう

①の右手→左手→両手→両手を1セットとして、あと3セット繰り返します。

③ ♪ まわれ×6 まわりましょう

お尻を合わせて回ります。

《2番》 ♪ まわれ×6 まわりましょう

《3番》 ♪ まわれ×6 まわりましょう
　　　　♪ まわれ×6 まわりましょう

2番は、1番の❶～❷の動作をしたあと、
「♪まわれ～」で背中を合わせて回りましょう。

3番は、1番の❶～❷の動作をしたあと、
「♪まわれ～」で左腕を組んで回り、2回目の
「♪まわれ～」では右腕に組み替えて回ります。

さむいときにはともだちと

作詞・作曲／谷口國博
編曲／本田洋一郎

♩=135　※1番、2番、3番とだんだん速く

1.～3. さーむいときには　ともだちと
1. おしりをあわせて
2. せなかをあわせて
3. うーでをくーんで
おどりましょう

さーむいときには　ともだちと
1. おしりをあわせて
2. せなかをあわせて
3. うーでをくーんで
まわりましょう

まわれまわれ まわれまわれ まわれまわれ まわりましょう まわりましょう　D.S.

Coda
まわれまわれ まわれまわれ まわれまわれ まわれまわれ まわりましょう

ぼくたちずっとともだちさ

TRACK 11

いつもいっしょに遊んでくれる友達って、実はとっても大事な存在。
そんな友達に「ありがとう」の気持ちを込めながら、歌あそびをしましょう。

① ♪ みぎてであくしゅ　ひだりてもあくしゅ

2人でペアになって、右手同士で握手したあと、その上でクロスするように左手同士でも握手します。

② ♪ そのままくるりと　いっかいてん

いったん左手を離し、右手はつないだままで、2人とも同じ方向に向かって1回転します。

③ ♪ ぼくたちずっと　ともだちさ

左手でもう一度握手し、両手をつないだまま揺らします。

❹ ♪くるりともどって ハイタッチ

今度は右手を離し、左手はつないだままで、❷とは反対方向に向かって1回転します。元に戻ったら、手を離してハイタッチ！

> 2人が同じ方向に向かって回らないと、1回転できないよ！友達と気持ちを合わせよう。

ぼくたちずっとともだちさ

作詞・作曲／谷口國博
編曲／本田洋一郎

♩=120

1.～3. みぎてであくしゅ ひだりてもあくしゅ そのまま くるりと いっかいてん— ぼくたちずっと ともだちさ くるりともどって ハイタッチ

ぼくらのうたごえ

TRACK 12

みんなで歌いながら元気に踊る、ダンス曲です。
1曲通して振り付けがあるので、発表会や運動会で披露するのもおすすめです。

1 ♪ 前奏（16呼間）

足踏みをしながら【両手を横に広げる⇔頭上で手拍子する】動作を7回繰り返し、15、16呼間目でピタッと止まります。

> 手足や関節をしっかり動かすから、朝の体操にも使えるよ！

2 ♪ もっと おおきなこえだして うたってみよう

「♪おおきな〜」から、2呼間ずつ【しゃがむ→手足を開いて立つ→膝を屈伸しながら両手を右上から口もとへ2回上げ下げする→同様に左上から2回上げ下げする】動作をします。

3 ♪そらまでとどくような おおきなこえで

2呼間ずつ、膝を屈伸しながら両手を右へ2回、左へ2回振り、次の4呼間は左右に大きく4回振ります。

4 ♪もっと おおきな こえだして うたってみよう ぼくらの うたごえが せかいを かえてゆくから

❷〜❸と同様にします。

5 ♪間奏（8呼間）

6呼間、足踏みをしながら両手を左右に大きく振ります。7呼間目で手を胸の前でグーにして一息置き、8呼間目でピタッと止まります。

6 ♪ぼくのからだにかくれている ふしぎなパワー もっと

4呼間で右手を、次の4呼間で左手を、大きく内側へ回してガッツポーズをします。

7 ♪もっともっともっともっと でてこい

❻の体勢で、右、左に2回ずつ体を揺らし、次の4呼間で足踏みをしながら肘を上下に4回揺らします。

8 ♪ぼくのからだにかくれている ふしぎなエネルギー もっと もっと でてこい ふしぎなエネルギー

❻〜❼と同様にしたあと、6呼間、その場を1周しながら肘を上下に揺らし、7、8呼間目でピタッと止まります。

《2番》

9 ♪ もっと おおきな こえだして うたってみよう… …せかいを かえてゆくから
間奏(8呼間)

❷～❺までと同様にします。

10 ♪ きみとてをつないだら

2呼間ずつ右、左の順に手足をさし出し、次の4呼間で足踏みをしながら両手を上げていき、頭上で合わせます。

11 ♪ げんきがわいてくる Uh uh

足踏みをしながら【両手を広げる⇔頭上で手拍子する】動作を4回繰り返します。

12 ♪ 2ばい 3ばい… …ふえてゆく

❿～⓫と同様にしたあと、片手をグーにして突き上げるようにしながら3回ジャンプ！

13 ♪ もっと おおきな こえだして うたってみよう… …せかいを かえてゆくから

❷～❹の動作を2回繰り返します（1回目と2回目の間の4呼間は、❺の間奏と同じ要領で、足踏みをしながら両手を左右に振ります）。

14 ♪ 後奏(12呼間)

間奏と同様にしたあと

❺の間奏と同様にしたあと、片手を腰に当て、もう片方の手をグーにしてゆっくり上げて、ポーズ！

ぼくらのうたごえ

作詞・作曲／谷口國博
編曲／本田洋一郎

Original Key=G♭
♩=95

1. もっと おおきなこえだしーて うたってみーよう そら までとどくーような おおきなーこえで もっと おおきなこえだしーて うたってみーよう ぼくらのうたごえがせかいを かえてゆーくから

1. ぼくのからだにかくれている ふしぎなパーワー もっと もっと もっともっともっーと でてこーい ぼくのからだにかくれている ふしぎなエネルギー もっと もっと でてこい ふしぎなエネルギー ー

2. もっと きみとてをつ ないだらー げんきがわいてくーる Uh uh 2ばい 3ばい 4ばい 5ばい Yeah ー ふえてゆく ー もっと おおきなこえだしーて うたってみーよう そらで とどくーような おおきなーこえでー もっと おおきなこえだしーて うたってみーよう ぼくらのうたごえがせかいを かえてゆーくから もっと

ともだちといっしょに

TRACK 13

卒園や進級前の時期にぴったりの合唱曲です。先生のピアノ伴奏でうたってみましょう。
サビの部分には簡単なダンスの振り付けをしています。

※振り付けはサビのみです。

1 ♪ともだちって

2呼間目で右手を、4呼間目で左手を上げ下げします。手を上げるのと同時に、逆の足を前に踏み出します。

2 ♪いいもんだ

2呼間目で右手を、4呼間目で左手を体の横に出します。❶と同様、手を出すタイミングで、逆の足は前に出します。

❸ ♪ ともだちっていいな　これからずっとずっと

❶〜❷の動きを2回繰り返します。

❹ ♪ ぼくたちは

1・2・3・4・5

6・7・8

1呼間ずつピョンピョンと跳ねながら列のセンターに寄っていきます。どこをセンターにするかはあらかじめ決めておきます。

6呼間目で両隣の友達と手をつなぎます。

❺ ♪ ともだち

1・2・3・4・5　6・7・8

両隣の友達と手をつなぎながら、手を上下に4回振ります。1・2呼間で1回とします。

❻ ♪ 間奏（8呼間）

元気よく腕を振って足踏みをしながら、元の位置に戻ります。

ともだちといっしょに

作詞・作曲／谷口國博
編曲／本田洋一郎

♩=127

1.〜3. と も だ ち と い っ しょ に ど ん ど ん
1. う たって
2. は しって みたら
3. わ らって

こ こ ろ の ふ う せ ん が ぐ ん ぐ ん そ ら を と ぶ よ

ぼ ー く た ち の ふ う せ ん が そ らー をー と ん で い る よ

G G♯dim7 D/A Bm Em Em7/A
ぼーくたちのふうせんでいつかきっとこのそらーのいろをかえよう
Em7/A A G A/G D/F♯ Em7 DM7 Em7 Fm7 F♯m7
ともだちっていいもんだともだちってい一いな
G A/G F♯m7 Bm7 Em7 Asus4
to Coda
これからずっとずっとぼくたちーはーともだ
1.2. DM7 Em7/D DM9 Em7/A
ち
3. D DM7 Em7 Fm7 F♯m7
ち
D.S.
Coda
DM7
ち

サバンナ

TRACK 14

走ったり、ジャンプしたり、サバンナに棲む動物のまねをして楽しむあそびうたです。
テンポが速く、動きのバリエーションが多いので、たくさん体を動かせます。

1 ♪ 前奏

右手で矢を持つポーズをして、その場でジャンプします。

2 ♪ サバンナはこわいぞ

1、2呼間で右手を、3、4呼間で左手を胸に当て、手をクロスさせます。

3 ♪ おそろしい

ブルブルと震えるようにしながら、膝を曲げてしゃがみます。

4 ♪ くうかくわれるかの たたかいだ

1呼間目で右足を踏み出しながら「ガオー」と手を上げライオンのまねをします。3呼間目で手足を元に戻し、5呼間目で反対の足を踏み出して同様のポーズをとります。

5 ♪ ほれ ダチョウがきょうも にげてゆく

手は額に当て、腰を落としながら、左から右へ遠くを確認するポーズをとります。

6 ♪ せっせせっせと にげてゆく

小刻みに足踏みをして、右方向へ走ります。

7 ♪ ほれ ダチョウがきょうも にげてゆく

今度は❺と逆に、右から左へ同様のポーズをとります。

8 ♪ せっせせっせと にげてゆく （ヘイ）

小刻みに足踏みをして、左方向へ走ります。

9 ♪ ダチョウ×4（ダチョウ×4）
　　ダチョウ×4（ダチョウ×4）
　　ダチョウ×4（ダチョウ×4）

ダチョウのくちばしをまねて右手は上に、左手は尾に見立てて腰に。このポーズでピョーンピョーンと飛び跳ねながら右回りに1周します。

10 ♪ ダチョウ

「♪ダ」で右のほっぺ、「♪チョ」で左のほっぺに手を当て、「♪ウ」で震えながらしゃがみます。

《 2番 》※1番の❷〜❽を繰り返したあと

11 ♪ ゾウ×4（ゾウ×4）
ゾウ×4（ゾウ×4）
ゾウ×4（ゾウ×4）

2番のサビでは、左手は腰におき、右手はゾウの鼻をまねてブラブラと揺らしながら右回りに1周します。

12 ♪ ゾウだ

「♪ゾ」で右のほっぺ、「♪ウ」で左のほっぺに手をあて、「♪だ」でしゃがみます。

《 3番 》※1番の❷〜❽を繰り返したあと

13 ♪ ガゼル×4（ガゼル×4）
ガゼル×4（ガゼル×4）
ガゼル×4（ガゼル×4）

3番のサビでは、両手足を大きく前後に開きながらジャンプしてトムソンガゼルのまねをします。このポーズで右回りに1周。

14 ♪ トムソンガゼルだ

「♪トムソン」で右のほっぺ、「♪ガゼル」で左のほっぺに手を当て、「♪だ」でしゃがみます。

《 4番 》※1番の❷〜❹を繰り返したあと

15 ♪ ほれ ダチョウがきょうも
にげていく

1番の❷〜❹の動作をしたあと、1番のサビ❾のダチョウの動きを、回転せずにその場でします。

16 ♪ ほれ ゾウがきょうも
にげていく

ダチョウの動きのまま、左手だけゾウの鼻のまねをしてブラブラと揺らします。

17 ♪ ほれ　トムソンガゼルが　にげていく
　　そのうしろに　こわいライオンだ（キャー）

右手はダチョウ、左手はゾウのまま、3番のサビのトムソンガゼルのジャンプをして1周します。

> 最後は、ダチョウ、ゾウ、トムソンガゼルのミックス。右手も左手も足も、全部バラバラの動物になるよ。4番はテンポも速くなっているから、この曲一番の難関だ！

18 ♪ ガォー×4（ガォー×4）
　　ガォー×4（ガォー×4）

右、左と踏み出す足を4呼間ずつ変えながら、1番の❹と同様、「♪**ガオー**」とライオンのまねをします。

19 ♪ ガォー×4（ガォー×4）

⓲の動きを、右、左と踏み出す足を2呼間ずつ変えて行います。

20 ♪ ライオンだ

ライオンポーズのまま両手を上げ、その場でひとまわりします。

21 ♪ ガォー

足を踏み出して、上半身を後ろにひねります。そこから元気よく「♪**ガォー**」とライオンのポーズをとります。

サバンナ

作詞・作曲／谷口國博
編曲／本田洋一郎

♩=145　※4番はだんだん速く

1. サバンナはこわいぞ　おそろしいくう　かくわれるかの　たたかいだ　ほれ

1. ダチョウがきょーうも　にげてゆく　せっせ　せっせ　ーと　にげてゆく　ほれ
2. ゾーウがきょーうも　にげてゆく　ドス　ドスン　ーと　にげてゆく　ほれ
3. トムソンガゼルが　にげてゆく　ぴょーん　ぴょーん　ーと　にげてゆく　ほれ
4. ダチョウがきょーうも　にげてゆく　ほれ　ゾウがきょーうも　にげてゆく　ほれ

ダチョウがきょーうも　にげてゆく　せっせ　せっせ　ーと　にげてゆく　(ヘイ)
ゾーウがきょーうも　にげてゆく　ドス　ドスン　ーと　にげてゆく　(ヘイ)
トムソンガゼルが　にげてゆく　ぴょーん　ぴょーん　ーと　にげてゆく　(ヘイ)
トムソンガゼルが　にげてゆく　そのうしろにこわいライオンだ　(キャー)

ダチョウ　ダチョウ　ダチョウ　ダチョウ　(ダチョウ　ダチョウ　ダチョウ)　ダチョウ　ダチョウ　ダチョウ　ダチョウ
ゾウ　ゾウ　ゾウ　ゾウ　(ゾウ　ゾウ　ゾウ)　ゾウ　ゾウ　ゾウ　ゾウ
ガゼル　ガゼル　ガゼル　ガゼル　(ガゼル　ガゼル　ガゼル)　ガゼル　ガゼル　ガゼル　ガゼル
ガオー　ガオー　ガオー　ガオー　(ガオー　ガオー　ガオー)　ガオー　ガオー　ガオー　ガオー

(ダチョウ　ダチョウ　ダチョウ　ダチョウ)　ダチョウ　ダチョウ　ダチョウ　(ダチョウ　ダチョウ　ダチョウ　ダチョウ)
(ゾウ　ゾウ　ゾウ　ゾウ)　ゾウ　ゾウ　ゾウ　(ゾウ　ゾウ　ゾウ　ゾウ)
(ガゼル　ガゼル　ガゼル　ガゼル)　ガゼル　ガゼル　ガゼル　(ガゼル　ガゼル　ガゼル　ガゼル)
(ガオー　ガオー　ガオー　ガオー)　ガオー　ガオー　ガオー　(ガオー　ガオー　ガオー　ガオー)

1.2.3. / 4.

ダーチョーウーだ　2. サババ　だーーーガオー
ゾーーーウーだ　3. ササ
トムソンガゼールン　4. ササ
ラ　イ　オ　ン

part 2
親子で仲よく！あそびうた

大人だって、
うたったり踊ったりするのは好きだよね。
親子がいっしょにあそびうたで遊んだら、
みんな元気いっぱいになるよ。
さあ、うたって遊ぼう！

親子バージョン

バスにのって

TRACK 15

親の膝の上は子どもの特等席。バスの座席に見立てて抱っこしながら、いっしょに出かけましょう。人気の親子あそびうた、ロングバージョンです。

① ♪ バスにのってゆられてる

親は子どもを膝の上にのせ、リズムにのって体を左右に揺らします。

② ♪ Go! Go!

ゴーゴー！

「♪Go! Go!」のタイミングでグーにした右手を上に2回突き上げます。

③ ♪ バスにのってゆられてる

❶と同様にします。

④ ♪ Go! Go!

ゴーゴー！

❷と同様にします。

❺ ♪ そろそろ　みぎにまがります

❶と同様にします。

❻ ♪ 3、2、1

かけ声に合わせて、右手でカウントダウンの合図を出します。

❼ ♪（うわ～）

体を右に倒します。

> 2～11番までいろんなバリエーションで遊んでみよう！

≪2番≫ ♪ ひだりにまがります

2番は歌詞に合わせて「♪3、2、1」のあと、体を左に倒します。

≪3番≫ ♪ デコボコみちです

3番は歌詞に合わせて「♪3、2、1」のあと、体を上下に揺らします。

《4番》♪ さかをのぼります

4番は歌詞に合わせて「♪3、2、1」のあと、体を反らします。

《5番》♪ さかをくだります

5番は歌詞に合わせて「♪3、2、1」のあと、体を前に倒します。

《6番》♪ みぎに きゅうカーブ

6番は歌詞に合わせて「♪3、2、1」のあと、体を勢いよく右に倒します。

《7番》♪ ひだりに きゅうカーブ

7番は歌詞に合わせて「♪3、2、1」のあと、体を勢いよく左に倒します。

《8番》♪ デコボコみちです

8番は歌詞に合わせて「♪3、2、1」のあと、子どもの体を持ち上げ、高い高いしてあげます。

《9番》♪ まえからオートバイ

9番は歌詞に合わせて「♪3、2、1」のあと、後方を指さしながら後ろを振り返ります。

《10番》♪ デコボコみちです

10番は歌詞に合わせて「♪3、2、1」のあと、子どもの体をこちょこちょします。

《11番》♪ とまります

11番は歌詞に合わせて「♪3、2、1」のあと、ゆっくり体を前に倒します。

バスにのって

作詞・作曲／谷口國博
編曲／本田洋一郎

♩=132

1.～11. バスに のって ゆ ら れ てる Go! Go! バスに のって ゆ ら れ てる Go! Go!

そろそろ
1. みぎに まがります―
2. ひだりに まがります―
3. デコボコ みちです―
4. ささかをのぼります―
5. さかをくだります―
6. みぎにきゅうカーブ
7. ひだりにきゅうカーブ
8. デコボコ みちでー
9. まえから オートバイ
10. デコボコ みちー
11. とーまーりーまーすー

1.～11. 3　2　1（うわ～）1　とうちゃく～

親子バージョン

きれいな花に

TRACK 16

花役、ちょうちょう役に分かれ、お互いにくすぐり合いっこをします。
親子のふれあいにぴったりなうえ、簡単なので小さな子どもでも遊べます。

1 ♪ きれいなはなに ちょうちょがとまった

親子で向かい合って立ち、手はつぼみの形にします。5呼間目で両手を開きます。親はそのまま手をちょうちょうのようにパタパタとさせます。

2 ♪ おいしいみつを ぺろぺろなめた

親は手をパタパタとさせながら、ちょうちょうが蜜をなめるように、花に見立てた子どもの手を触ります。

3 ♪ あんまりおいしいから ぺろぺろなめた
　　ぺろぺろぺろぺろ ぺろぺろなめた

親はだんだんと子どもの手から体を触るようにし、全身をくすぐります。

> 4〜6番では、花役とちょうちょう役を交代してやってみよう。くすぐり合いっこで親子のスキンシップだ。

《2番》

花をおへその位置で咲かせてみましょう。おなかをくすぐられそうになるドキドキ感が、より遊びを盛り上げます。

《3番》

つぼみのポーズを足で作ります。おなかと同様、足の裏はくすぐったい部分。遊びが盛り上がります。

きれいな花に

作詞・作曲／谷口國博
編曲／本田洋一郎

♩=120

1.～6. きれいな はなに　ちょうちょが とまった　おいしい みつを
ぺろぺろ なめた　あんまり おいしいから　ぺろぺろ な めた
ぺろ ぺろ ぺろ ぺろ　ぺろ ぺろ なめた

親子バージョン

タコとイカのダンス

TRACK 17

1番は親子のペアで、2番以降は別の親子ペアといっしょになって遊びます。
「はじめまして」の親同士も、楽しみながら仲よくなれる一曲です。

① ♪ 前奏

親は手首を内側に曲げた右手を高く上げ、左手を腰に当ててフラメンコのポーズ。子どもは親の左手につかまります。フラメンコの曲調に合わせてゆっくり歩きます。

② ♪ タコとイカの

タコのポーズ

向かい合って気をつけをし、両手で下向きの三角形を作ります。「♪（タコ）と」で、膝を曲げながら両手を下に広げます。2回繰り返し。

③ ♪ ダンス

イカのポーズ

両手で上向きの三角形を作り、「♪ダン（ス）」のタイミングで、膝を曲げながら両手を上に突き上げます。2回繰り返し。

④ ♪ せなかあわせ おしりあい

後ろ向きで背中を合わせ、「♪おし」「♪り」「♪あ」「♪い」でお尻を左右に振ります。

5 ♪ タコとイカのダンス

❷〜❸と同様にします。

6 ♪ ようきにおどりましょう

両手で手をつないで、上下に4回振ります。

7 ♪ ラッタララッタタラララ
ラッタララッタタラララ
ラッタララッタタラララ

手をつないだまま、16呼間ぐるりと回ります。

8 ♪ ラッタララッタタラララ
ラッタララッタタラララ
ラッタララッタタラララ

次の16呼間は手をつなぎながら、いっしょに遊ぶ別の親子ペアを探しにいきます。

9 ♪（礼）

親子ペアを見つけたら4人で輪になります。歌が始まる前に、前奏のフラメンコのポーズで挨拶のおじぎをします。

《2番》《3番》

❷〜❼と同様の動きを4人でやります。その後、「バイバイ」と手を振って別れ、次の親子ペアを探しにいきます。

《4番》

2番、3番と同じように2組の親子で遊びます。曲のテンポが速いので、乗り遅れないように体を動かします。

《5番》

今度は曲のテンポが遅くなります。❷～❼と同様の動きを2組の親子でやります。2回目の「♪ラッタララッタ～」から徐々にテンポが速くなります。

《エンディング》

① ♪ ラッタララッタタラララ　ラッタララッタタラララ　ラッタララッタタララララ×2

4人の輪をもっと大きくします。参加者全員で手をつないでひとつの輪を作り、輪の中央に集まったり離れたり、という動作を繰り返します。

② ♪ ラー　ラー

つないでいた手を離し、両手は上げたまま、その場でくるくると回ります。

最後は親子でぎゅ～っとハグをして終わろう。1曲遊び終えたら、とっても楽しい気持ちになっているはずだよ。

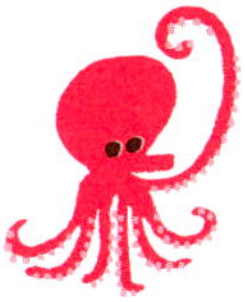

タコとイカのダンス

作詞・作曲／谷口國博
編曲／本田洋一郎

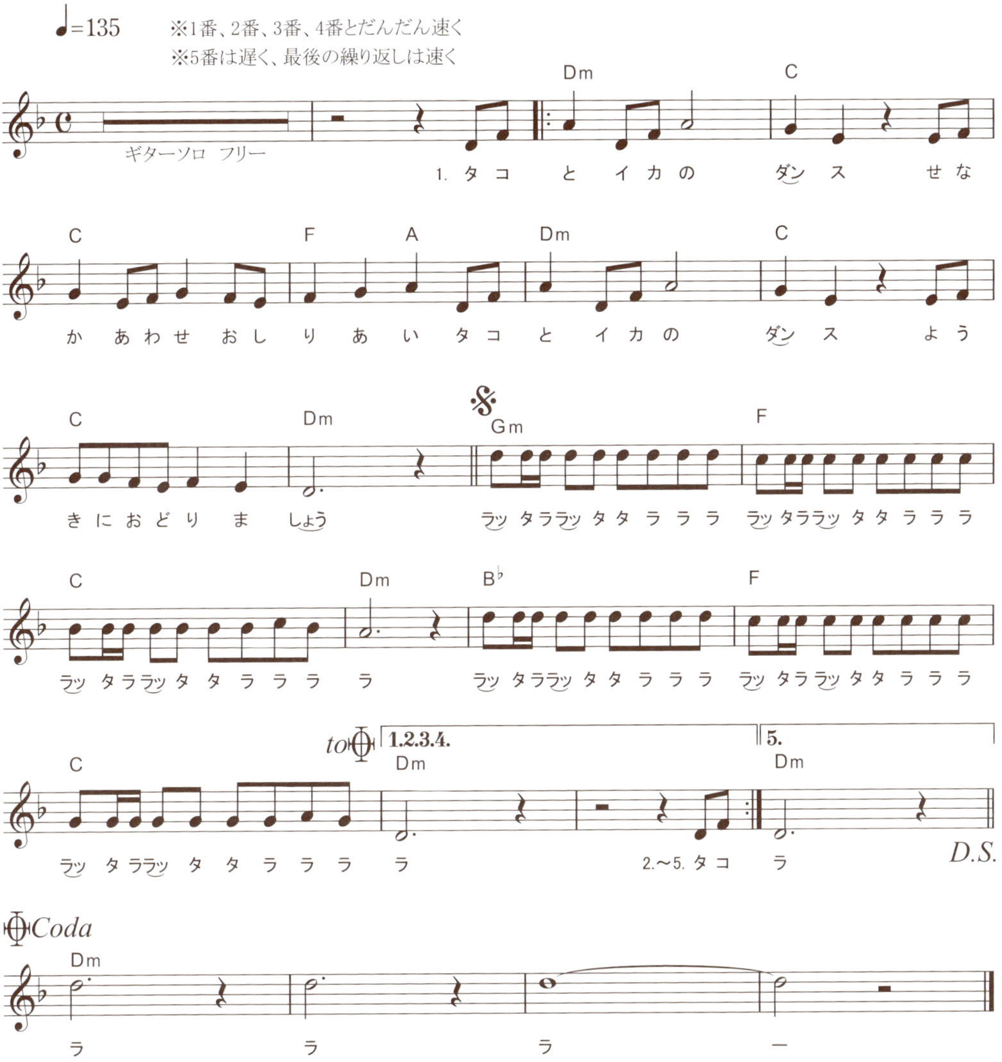

親子バージョン

楽しいハイキング

TRACK 18

ずんずんと山を登るように、軽快なリズムに合わせて元気に遊ぶ一曲です。
お互いの体を触ったり、手あそびをしたりして、親子で楽しみます。

① ♪ 前奏（16呼間）

親子で向かい合います。曲が始まる前から、片手は肘を曲げ、もう一方の手は斜め上に出す「シャキーン！」ポーズをとっておきます。9呼間目で両手を体の前で回し、13呼間目で曲げている方の肘を引いて「シャキーン！」ポーズをとり、元に戻します。

② ♪ さあ とざんぐつをはいて
   おべんとうをリュックにつめて

親は上から下に向かって両手で子どもをなでてあげます。

③ ♪ リュックサックをせおったら

今度は子どもが親をなでます。

④ ♪ きょうは たのしいハイキング

「♪きょうは」で片手を、「♪たのしい」でもう一方の手を腰に当て、「♪ハイキング」で斜め上方向を指さします。

⑤ ♪ ヤッホー（ヤッホー） ヤッホー（ヤッホー）

×4

両手をたたいてから、お互いの右手同士を合わせる動作を4回繰り返します。

⑥ ♪ ヤッホー（ヤッホー） ヤッホー（ヤッホー）

×4

次は、左手で同様の動作を4回繰り返します。

⑦ ♪ ヤッホー（ヤッホー） ヤッホー（ヤッホー）

×4

最後は、両手を合わせる動作を4回繰り返します。

⑧ ♪ さあ たのしいハイキング

❹と同様の動きをします。

⑨ ♪ 間奏

ぐるりとまわして　シャキーン

8呼間で前奏と同じように「シャキーン！」ポーズをとります。

《2番》

2番は1番の❷〜❸の「なでなで」の部分で親が両手の人さし指を立て、子どもの体を「ツンツン」と触ってあげます。子どもも親に同じようにします。

《3番》

3番は1番の❷〜❸の「なでなで」の部分で親が子どもの体を「こちょこちょ」とくすぐります。子どもも親に同じようにします。

《4番》

4番は1番の❷〜❸の「なでなで」の部分で親は子どもに、1番の「なでなで」2番の「ツンツン」3番の「こちょこちょ」を全てやります。子どもも親に同じようにします。

《エンディング》

① ♪ ヤッホー (ヤッホー)×6

② ♪ さあ たのしいハイキング×2

③ ♪ 後奏

❺〜❼と同様にします。

❽を2回繰り返します。

❶前奏と同じように「シャキーン！」ポーズでおしまい。

楽しいハイキング

作詞・作曲／谷口國博
編曲／本田洋一郎

♩=138

1. さあ とざんぐつを はいて おべんとうを リュックに つめて リュックサックを せおって 1.~4.きょうは たのしい ハイキング ヤッホー(ヤッホー) ヤッホー(ヤッホー) ヤッホー(ヤッホー) ヤッホー(ヤッホー) ヤッホー(ヤッホー) ヤッホー(ヤッホー)さあ たのしい ハイキング 2.~4.さあ グ

うたなんか うたいながら リュックせおって おひさまが わらって やまー しかな

ともだちと てをとって やまに むかって ちょうじょうに やっと ついたら おーい たのしい なるとぼくはきょじんーーか

ねはポケットにし まって みえる そう なると ぼくは きょじん らっていー やまーー しんーーかな

Coda
グ さあ たのしい ハイキン グーー

D.S.

谷口國博 (たにぐち・くにひろ)

東京都の保育園に5年間勤務したあと、フリーの創作あそび作家に。全国の保育園や幼稚園での講習会、親子コンサートなどで活躍中。『たにぞうの手あわせあそびおねがいします』『たにぞうの手あそびでござんす』(以上、チャイルド本社)、絵本『スダジイのなつ』『おじさんとすべりだい』(以上、ひさかたチャイルド)他、著書やCDなど多数。NHK教育テレビ「からだであそぼ!」「おかあさんといっしょ」に楽曲提供。代表作に「ブンバ・ボーン!」「バスにのって」などがある。

staff

振付	榎沢りか、笠井ちひろ 松本あき、池谷えりこ (OFFICE TANIZOU Smile kids)
表紙・本文イラスト	すずきあさこ
表紙・本文デザイン	瀬上奈緒 (株式会社フレーズ)
楽譜浄書	project da-yo
音源制作	
歌	谷口國博、佐藤弘道 (TRACK 14)
コーラス	OFFICE TANIZOU Smile kids
作詞・作曲	谷口國博
編曲	本田洋一郎
レコーディング	本田洋一郎
CD製作	株式会社ケーエヌコーポレーションジャパン
本文校正	有限会社くすのき舎
編集	石山哲郎、三島章子

ポットブックス
たにぞうの 元気がイチバン! あそびうた CD BOOK

2013年6月　初版第1刷発行
2019年7月　　　第4刷発行

著者　　谷口國博
発行人　村野芳雄
発行所　株式会社チャイルド本社
　　　　〒112-8512　東京都文京区小石川5-24-21
電話　　☎03-3813-2141 (営業)
　　　　☎03-3813-9445 (編集)
振替　　00100-4-38410

＜日本音楽著作権協会 (出) 許諾第1304439-904号＞
印刷・製本　図書印刷株式会社

©Kunihiro Taniguchi　2013　Printed in Japan
ISBN 978-4-8054-0216-0
NDC376　　21×19cm　56P

■乱丁・落丁本はお取り替えいたします。
■本書の内容の一部あるいは全部を無断で複写複製することは、法律で認められた場合を除き、著作権者及び出版社の権利の侵害となりますので、その場合は予め小社宛て許諾を求めてください。

◆チャイルド本社ホームページアドレス
https://www.childbook.co.jp/
チャイルドブックや保育図書の情報が盛りだくさん。どうぞご利用ください。